AF249709

RÉFLEXIONS

ET

SOUVENIRS MILITAIRES.

PARIS

IMPRIMERIE DE E. DUVERGER,
RUE DE VERNEUIL, N° 4.

1839

RÉFLEXIONS

ET

SOUVENIRS MILITAIRES.

Nous ne sommes point encore arrivés à cette fusion des intérêts de tous les peuples que quelques esprits ont rêvée et qui doit assurer selon eux une paix universelle et éternelle. Jusque-là notre nation plus que toute autre est dans la nécessité de cultiver cet esprit militaire qui fonda sous nos rois absolus la plus glorieuse et la plus puissante des monarchies ; par des victoires il fit durer la Révolution de 89 et lui donna l'autorité du temps, la plus puissante de toutes ; sous l'Empire, il éleva si haut le nom français que le respect des peuples et des rois durait encore quand la révolution de 1830 éclata, ce qui nous permit de développer en paix nos institutions libérales, notre commerce, notre industrie et d'immenses travaux publics.

L'Angleterre, l'Amérique du Nord peuvent, sans le même danger que nous, négliger jusqu'à un certain point de cultiver l'ardeur martiale des peuples et des armées de terre. L'une est insulaire et possède la plus puissante marine du monde; l'autre, séparée des puissances militaires par 2,000 lieues de mer, ne peut être attaquée que par de faibles armées, et l'étendue de son territoire lui vaut mieux qu'un triple rang de forteresses.

Mais nous qui touchons par 400 lieues de frontières à des voisins guerriers et puissants, nous que des gouvernements absolus n'ont pas vus sans ombrage faire une seconde révolution pour reconquérir et consolider les principes de 89, pourrions-nous, sans imprudence, délaisser les vertus militaires? Des esprits ombrageux, les croyant dangereuses, désarmeraient volontiers, en présence de l'Europe despotique qui a conservé et perfectionné les armées qui luttèrent contre l'Empire. Quelle inconcevable et fatale erreur que celle qui les porte à redouter davantage les troupes de la France constitutionnelle que celles de l'étranger! Est-ce que nos enfants perdent l'amour de la patrie et des institutions dès qu'ils sont enrégimentés et disciplinés? Non, ils n'en sont que plus dévoués. Sans doute ils seraient redoutables aux factieux qui attaqueraient le gouvernement et les lois de leur pays; mais par le même sentiment ils ne prêteraient point leurs bras à un pouvoir assez insensé, s'il pouvait s'en trouver un, pour tenter de nous enlever des conquêtes si chèrement achetées. Nos soldats ne sont point des stipendiés; ils font au contraire à la patrie le sacrifice des sept plus belles années de la vie, celles où l'homme

fonde son avenir ; ils ne peuvent en être récompensés
que par la reconnaissance de leurs concitoyens. Vou-
draient-ils, en se prêtant au renversement des institutions, dessécher la source de la plus noble des ré-
compenses ?

Cependant la presse, qui sous la Restauration exal-
tait l'esprit guerrier en rappelant sans cesse nos ex-
ploits, reste muette aujourd'hui sur notre gloire militaire. L'industrie, les arts, la politique surtout absor-
bent toute son activité. Eh ! c'est justement parce que
nous avons beaucoup de liberté, et que les arts et l'industrie sont en grand progrès, que nous avons besoin
de raviver incessamment les vertus guerrières que les
formes de notre gouvernement et le développement
du bien-être tendent à affaiblir de plus en plus.

Nous croyons que rien n'est plus propre à faire at-
teindre ce grand but national que de retracer les plus
beaux faits d'armes de la Révolution et de l'Empire,
qu'on laisse trop dans l'oubli depuis la révolution de
juillet. La valeur des armées se perpétue par la tradi-
tion ; l'histoire de nos vieux guerriers est la première
instruction qu'on puisse donner en temps de paix à
notre armée toujours jeune, tant les soldats restent
peu sous les drapeaux ; il faut aussi la lui redire en
temps de guerre jusqu'à ce qu'elle ait fait elle-même
de l'histoire.

Nous commençons aujourd'hui cette tâche patrio-
tique ; nous désirons y être aidés, et nous ne serons
pas jaloux d'y être dépassés. Nos annales sont assez
riches pour que chacun puisse y puiser, et nous con-

naissons trop le caractère français pour craindre que nos lecteurs nous sachent mauvais gré de leur donner de temps en temps un récit militaire.

Le fait d'armes que nous allons rapporter n'est presque connu que de ses auteurs et des habitants d'une petite vallée des Alpes, parce qu'il arriva après la funeste bataille de Waterloo. Toutes les bouches de la renommée française étaient muettes de douleur. Pouvait-on s'occuper de la gloire d'une poignée de braves qui combattaient loin du théâtre des événements décisifs, quand la capitale était attaquée, quand une assemblée digne du Bas-Empire forçait le grand capitaine à abdiquer le commandement?

Tirons aujourd'hui de l'oubli ces vaillants soldats de l'armée des Alpes. Leur dévouement ne put changer alors les destinées de la patrie, mais il peut la sauver un jour par l'exemple qu'il a produit, lequel est une preuve éclatante de ce que peut une grande détermination inspirée par l'amour du pays et l'honneur du drapeau.

L'armée française avait reçu l'ordre d'attaquer sur tous les points, le 15 juin 1815. Le 14e régiment de ligne posté au Châtelard, dans les montagnes des Banges-en-Savoie, avait pour instruction de descendre dans la vallée de Tarentaise, d'y battre un corps piémontais qui la gardait et de s'emparer des petites villes de Conflans et de l'Hôpital.

Le colonel, connaissant toute l'importance d'ouvrir la campagne par un succès, ou tout au moins un combat glorieux, résolut de manœuvrer dans la nuit pour envelopper l'avant-garde ennemie établie à Saint-Pierre d'Albigny. Trois compagnies furent dirigées à l'entrée de la nuit sur un sentier fort roide et fort étroit qui abordait la vallée à une demi-lieue, derrière les avant-gardes des Piémontais. Le détachement français avait ordre de s'embusquer dans une position forte pour y attendre l'attaque de front que devait opérer à trois heures du matin le reste du régiment. A quatre heures, un bataillon des chasseurs comte Robert était en notre pouvoir sans qu'il y manquât un seul homme. Une compagnie de voltigeurs entra dans le village en même temps que les avant-postes, qu'elle n'avait pas surpris, et s'empara d'une partie de la troupe piémontaise ; le reste prit la fuite et tomba dans l'embuscade qui lui fit mettre bas les armes sans coup férir. Au nombre des prisonniers se trouva M. de Polignac, commissaire du roi Louis XVIII près de l'armée austro-sarde.

Une demi-heure après, nous rencontrâmes une brigade piémontaise qui venait au secours de son avant-garde, dont elle n'avait pas de nouvelles. Nous trouvant sur sa route, elle dut nous attaquer pour tâcher de communiquer avec ses avant-postes dont elle ignorait la catastrophe. Après un combat assez vif, la brigade ennemie, quoique beaucoup plus forte que nous, fut mise dans une complète déroute. Nous la poursuivîmes l'épée dans les reins, nous lui prîmes et lui tuâmes beaucoup de monde, et nous entrâmes à sa suite dans l'Hôpital et Conflans. Ce double événement fit comprendre aux militaires susceptibles de réfléchir :

premièrement, que les corps détachés et les avant-gardes trop éloignés du corps de bataille ne sont pas préservés de l'enlèvement par le système d'avant-postes en vigueur chez toutes les troupes d'Europe ; deuxièmement, que le meilleur moyen d'avoir le combat qu'on désire, c'est d'envelopper un corps avancé de l'ennemi ; car, de deux choses l'une : ou l'on abandonnera le corps compromis, et alors vous obtiendrez facilement un succès souvent important, ou l'on viendra au secours et vous aurez l'engagement que vous cherchez.

Le 23 juin, le 14e fit un autre coup de main qui acheva de nous convaincre de l'insuffisance du système d'avant-postes. Un détachement piémontais était à Moustier, à sept lieues de nous. Sa route de retraite sur le bord de l'Isère fut occupée par un détachement qui marcha onze heures par des chemins affreux. Attaqué et poussé de front avec impétuosité, l'ennemi s'enfuit en désordre ; mais donnant bientôt dans le corps tournant, il mit bas les armes.

Ces petites actions n'étaient que le prélude du combat qui fait l'objet de cette narration.

Le 27 juin, le 14e, renforcé d'un bataillon du 20e, était établi à Conflans et l'Hôpital, sur les deux rives de l'Arly, ruisseau qui se jette dans l'Isère à 3 ou 400 toises de là. Une reconnaissance autrichienne nous apprit que l'armée du général Frimont était entrée en ligne, et nous sûmes par quelques prisonniers qu'on lui fit que nous serions attaqués le lendemain par 10,000 hommes aux ordres du général Trenk qui était descendu du petit Saint-Bernard, et que le général Mesclop serait attaqué par 20,000 hommes aux ordres de Bubna, descendu du Mont-Cenis. Le colonel qui nous commandait en informa sur-le-champ le général en chef, et il demanda que les troupes de la vallée de Maurienne vinssent dans la nuit se réunir à lui afin d'écraser la colonne de Trenk, pendant que celle de Bubna donnerait dans le vide et viendrait se casser le nez contre la tête du pont de Montmeillan. « Si nous combattons dans les deux vallées, disait-il, nous serons par trop faibles sur les deux points ; réunis dans la Tarentaise, quoique plus faibles encore que nos adversaires, nous pouvons les vaincre par la supériorité morale de nos troupes. » Il terminait ainsi sa dépêche : « Au reste, monsieur le maréchal, en attendant l'exécution de cette mesure et vos ordres, nous défendrons notre position à outrance, parce que je sens combien il est important pour la sûreté de la brigade Mesclop et du quartier-général de ne pas laisser pénétrer le général Trenk par la rive droite de l'Isère jusqu'à Montmeillan. »

Toute la nuit le colonel attendit avec anxiété l'arrivée du général Mesclop, sous les ordres duquel il eût été heureux de se ranger pour assurer le succès. Au lieu de cette bonne nouvelle, il reçut au point du jour le bulletin de la bataille de Waterloo !... Quelques instants après arriva la députation qui nous apportait l'aigle du régiment donnée au Champ-de-Mai. En même temps le bruit d'une seconde abdication se répandit dans les rangs.

Le colonel comprit à l'instant l'effet moral que ces nouvelles accablantes pouvaient produire sur sa troupe, prête à livrer un combat des plus disproportionnés, dans une position bien plus étendue, bien plus difficile à défendre sous tous les rapports que les Thermopyles. Voulant devancer la rumeur publique et paralyser son action par ses discours, il rallia le régiment, ne laissant aux avant-postes que quelques cavaliers ; il se plaça au centre de la troupe formée en colonne serrée, tout le monde lui faisant face, et d'une voix ferme il lut le bulletin de la fatale bataille. Son accent, sa physionomie disaient à tous que son âme n'était point ébranlée par le récit de cette grande catastrophe, et déjà ses sentiments passaient dans l'âme des soldats ; mais ils y pénétrèrent à flot quand ces paroles succédèrent au bulletin :

« Soldats, dit-il, voilà sans doute de grands malheurs ; mais devons-nous désespérer de la patrie parce qu'une bataille a été perdue ? Faudrait-il en désespérer encore quand il serait vrai que Napoléon aurait abdiqué une seconde fois ? Nos courages dépendent-ils d'un seul homme, d'une seule bataille ? N'est-ce pas dans les revers que l'on reconnaît les vrais guerriers ? Quel mérite y a-t-il à être brave quand tout va bien ? Les plus mauvais soldats alors paraissent des héros, et les véritables braves sont calmes et fiers sans ostentation ; mais ils se montrent quand la fortune abandonne leur drapeau, et le plus souvent ils savent l'y ramener. Non, soldats, tout n'est pas désespéré, puisqu'il reste à la patrie des hommes comme vous et vos frères du Nord, que vous n'avez pas la prétention de surpasser. On livrera bataille devant la grande cité, dont les enfants sortiront en foule pour appuyer nos bataillons. Quant à nous, l'occasion de venger nos camarades va bientôt se présenter. Le combat que vous allez livrer ne peut pas matériellement réparer l'échec du Nord, mais moralement il peut être l'étincelle électrique qui ranimera tous les courages. Recevez donc cette aigle glorieuse! Si ce n'est pas l'empereur qui vous la donne, c'est la patrie qui vous la confie; elle n'en sera pas moins le talisman de la victoire. Jurons tous que, tant qu'il existera un soldat du 14ᵉ, jamais une main ennemie n'en approchera, et que nous mourrons tous, s'il le faut, pour défendre ces nouveaux Thermopyles.

—Nous le jurons!...» s'écrièrent tous les soldats, et les échos de la vallée répétèrent au loin ce serment qui allait être scellé de tant de sang. Les officiers sortirent des rangs en brandissant leur épée, et s'écrièrent une seconde fois : « Nous le jurons! »

Nous n'essaierons pas de peindre les sentiments qui animaient alors toutes les âmes, toutes les physionomies! De grosses larmes sillonnaient ces figures martiales; mais c'étaient des larmes d'enthousiasme et de dévouement à la patrie.

Vingt-trois ans se sont écoulés, et je ne puis retracer cette scène si dramatique sans éprouver les mêmes impressions qui alors transportèrent toutes les âmes.

Le colonel finissait à peine qu'un maréchal-des-logis du 10ᵉ de chasseurs arrive au galop, lui dit :

«L'ennemi est là.—Tant mieux, s'écria le colonel, il ne pouvait nous trouver dans de meilleures dispositions... Messieurs, reprenez vos postes. »

Chacun regagna d'un pas déterminé le point qui lui était confié.

Le colonel avait le projet de ne se battre que sur la rive droite de l'Arly, et cependant tous les préparatifs apparents de la défense furent faits sur la rive gauche, dans le but d'attirer là toutes les forces de l'ennemi, et de lui ôter ainsi la pensée de tourner la position réelle de la rive droite, en passant la rivière une ou deux lieues au-dessus de nous, ce qui nous aurait mis dans la nécessité de nous retirer sans coup férir. Tous nos adversaires se trouvant réunis devant nous, le camp de la rive gauche devait être évacué sans combat sérieux, et, si l'ennemi tentait le passage en notre présence, il nous présentait la circonstance la plus heureuse pour une armée inférieure, celle de ne combattre que la fraction d'une armée scindée en deux par la rivière. Dans ce cas le combat doit être brusqué ; les tâtonnements pourraient faire échouer toutes les combinaisons. Quand la fraction que l'on croit pouvoir battre a franchi le passage, il faut l'assaillir avec impétuosité en front et en flanc, se mêler avec elle après une seule décharge, la tuer à coups de baïonnette, la jeter dans la rivière ou lui faire mettre bas les armes. Mais pour engager l'ennemi à tenter le passage, il ne faut pas se tenir sur les bords de la rivière ; il faut simuler une retraite en montrant quelques troupes dans le lointain, et embusquer celles qui doivent agir derrière des accidents de terrains, à deux ou trois cents toises au plus du point où doit se passer l'action.

Telle fut la théorie que le colonel avait démontrée la veille à toute la colonne réunie, et que chaque soldat avait parfaitement comprise. En initiant ainsi tout le monde à son plan, il était assuré de trouver plus d'intelligence et de fermeté dans l'exécution. Quelques officiers proposèrent au colonel de couper le pont, afin d'augmenter les difficultés du passage.

« Non, répondit-il, je veux que l'ennemi passe, et le pont sera une tentation de plus. Le pont permettra en outre de compter exactement les pelotons et de juger mieux l'instant où il faudra frapper.

« Vous comprendrez, ajouta-t-il, que cette manière de défendre le passage d'une rivière est bien préférable à celle qui consiste dans la défense immédiate des points de passage; car dans ce cas l'ennemi ne tente de passer qu'après vous avoir écrasé par une artillerie supérieure, et vous perdez beaucoup de monde sans pouvoir espérer obtenir un succès. Si au contraire vous vous donnez, par les moyens que je viens d'indiquer, les chances de détruire une forte fraction du corps offensif, non-seulement vous avez fait disparaître en partie l'inégalité numérique, mais encore vous avez jeté le découragement dans tout le reste de l'ennemi, qui a vu de l'autre rive le désastre des siens sans pouvoir leur porter aucun secours. »

Chacun resta convaincu de la bonté de cette méthode, qu'il adopta comme sienne, et se proposa de concourir de tous ses moyens à son exécution.

Le rôle à jouer dans la position sur la rive gauche de l'Arly, comme dans toutes les positions analogues, où l'on ne doit que simuler un combat, est assez difficile ; il faut s'engager assez pour faire croire à un combat sérieux, et pas assez pour s'engager réellement. Cela demande beaucoup d'aplomb, de sang-froid et d'habitude dans le maniement des troupes.

Bien que nous eussions d'excellents chefs de bataillon, MM. Lacroix et Syès, le colonel dut se réserver ce rôle, car il tenait à ne perdre que peu de monde sur la rive gauche.

Ce qu'il avait espéré arriva ; deux colonnes autrichiennes, l'une venant de la vallée de Beaufort, l'autre de Moustier, se réunirent devant le camp qui servait de masque à la véritable position, et l'attaquèrent immédiatement avec assez d'impétuosité. Après avoir rejeté deux ou trois fois les tirailleurs sur leurs masses, le colonel se retirait sur un gué au-dessous de la ville de l'Hôpital, lorsqu'à son grand étonnement il vit les Autrichiens franchir le pont qui ne devait leur être abandonné que lorsque les défenseurs du camp de la rive gauche auraient atteint la rive droite. Cette faute d'exécution faillit tout compromettre ; car l'ennemi, ayant traversé la ville à la suite de nos soldats, envahit la rive droite et rendit impossible le retour des défenseurs de la position *antécédente*. Dans cette extrémité, le colonel les jeta dans une usine au confluent de l'Arly et de l'Isère. « Défendez-vous là à outrance, leur dit-il ; je suis forcé de vous quitter pour ramener vos camarades au combat et jeter l'ennemi dans la rivière. Vous me connaissez, vous savez que je suis incapable de vous abandonner. Je vous promets, foi de colonel, qu'avant un quart d'heure je vous délivrerai. » Il partit comme un trait et fut passer la rivière à la nage, presque à sa jonction avec l'Isère, et atteignit bientôt notre colonne en retraite sur la route de Chambéry. A sa voix elle s'arrêta. Le colonel tira de la masse un peu confuse les trois compagnies de grenadiers, leur fit charger leurs armes à deux balles, et leur dit avant de les lancer : « Grenadiers, consentiriez-vous au début d'un combat à laisser trois compagnies de vos camarades au pouvoir de l'ennemi?— Non, non! s'écrièrent les grenadiers—Eh bien! je vais marcher à votre tête! Une seule décharge, la baïonnette, et faites des prisonniers ; cela vaut mieux que de tuer et c'est plus sûr. » Puis se retournant vers la colonne il dit : « Commandant Syès, marchez à mon appui ; les grenadiers sont incapables de reculer ; mais s'ils avaient ce malheur, faites feu sur eux et sur moi. » Ces préliminaires achevés, il marcha sur les Autrichiens qui débouchaient de la ville en colonnes serrées. Il négligea les tirailleurs répandus dans la campagne pour aborder la colonne principale, jugeant que, s'il la battait, il gagnerait le pont en la poursuivant, et que les tirailleurs resteraient prisonniers de guerre.

Les Hongrois du régiment de Duka, au nombre de deux à trois mille, accueillirent nos grenadiers par une vive fusillade, à laquelle on ne répondit qu'en marchant plus vite, et déjà l'ennemi commençait à plier qu'il n'était pas parti un seul coup de fusil de notre côté. On voyait naître cette confusion qui est le précurseur de la déroute. Arrivés à une quarantaine de pas de cette masse, notre décharge partit et renversa comme d'un coup de faux toute la tête de cette colonne. Un moment d'hésitation se fit alors remarquer parmi nos braves ; ils semblaient craindre de pénétrer dans cette forêt de baïonnettes ; mais aux cris *en avant !* du colonel, le capitaine de grenadiers Parlier, aujourd'hui commandant de la garde nationale de Rocroy, se précipita le premier au milieu. Cet exemple fut décisif ; les grenadiers pénétrèrent dans la masse ennemie, et en un instant des monceaux de morts encombrèrent les rues de la petite ville de l'Hôpital. Quatre cents prisonniers, vingt officiers tombèrent en notre pouvoir ; le reste fut jeté de l'autre côté du ruisseau ; un certain nombre se noyèrent, ne pouvant passer assez vite par le pont. Le colonel revint de sa personne brusquement en arrière, et avec un détachement de la colonne de Syès et la compagnie du 10ᵉ de chasseurs il ramassa dans la plaine les tirailleurs qu'il avait isolés du pont. Dans cette charge, le lieutenant de chasseurs Duterail, le dernier descendant de Bayard, fut tué à bout portant par un tirailleur hongrois.

La rive droite ainsi dégagée, le colonel rappela les trois compagnies qui étaient dans l'usine. Toutes les troupes furent placées dans l'ordre prémédité la veille, et nous étions revenus à notre plan, après un épisode glorieux qui n'était que le précurseur de plusieurs autres du même genre.

Il arrive assez ordinairement que, par amour-propre ou par sottise, on s'entête dans une faute : les Autrichiens n'échappèrent pas à cette tendance de l'esprit humain ; ils tentèrent encore plusieurs fois l'enlèvement de la ville, et chaque fois ils éprouvèrent le même sort, avec moins de perte cependant, parce qu'après chaque nouvel échec leurs attaques étaient moins hardies et leur résistance moins ferme.

Désespérant de forcer le passage sur ce point, ils formèrent une grosse colonne derrière un aqueduc qui barre la vallée de l'Isère sur la rive gauche de l'Arly ; elle fut dirigée près de l'embouchure de ce ruisseau, le franchit et marcha sur la route de Chambéry.

Le colonel était alors dans la ville de l'Hôpital. Informé que sa route de retraite allait être occupée, il sortit brusquement ; mais il ne pouvait disposer, pour parer à ce nouvel orage, que de six compagnies du centre qui gardaient le drapeau. « Nous sommes tous grenadiers aujourd'hui, leur dit-il ; vous voudrez acquitter la lettre de change que vos camarades ont tirée sur vous. Le moment de partager leur gloire est venu : marchons ! »

Le premier mouvement du colonel fut de se diriger sur la route de Chambéry, que la tête de la colonne ennemie atteignait déjà ; mais une réminiscence le fit changer de direction. Il se souvint qu'au siége de Tortose le général Clopicki, qui depuis a été généralissime de l'insurrection polonaise, avait obtenu un grand succès sur une sortie de 8,000 Espagnols en menaçant avec une faible troupe leur route de retraite sur la place.

Attaquer en tête la colonne qui voulait s'emparer de notre retraite sur Chambéry était faire ce à quoi elle s'attendait et ne pouvait avoir sur elle qu'une faible influence morale ; mais marcher sur le gué par où elle avait passé, c'était frapper son moral d'une manière décisive. La masse des soldats se laisse conduire bien plus par les yeux du corps que par ceux de l'esprit ; ne sachant pas juger qu'une faible troupe qui tourne est elle-même tournée, et se laissant d'ailleurs dominer par l'influence de certains mots, comme : *nous sommes coupés*, *nous sommes tournés*, leur premier mouvement est de fuir s'il ne se trouve pas à leur tête des hommes capables de s'emparer de leur esprit en leur faisant comprendre les moyens de remédier à l'incident qui les alarme. Il paraît que cette colonne n'avait pas d'hommes de cette trempe ; car dès qu'elle vit notre mouvement bien dessiné vers le gué, elle s'empressa de rétrograder, d'abord assez en ordre ; mais bientôt la confusion gagna, et ce n'était plus qu'un troupeau quand elle aborda la rivière, en même temps que nos six compagnies de fusiliers, qui en firent un carnage horrible, mais seulement à coups de fusil, car elles n'osèrent pas pénétrer dans cette masse, ce qui était pourtant bien facile et ce qui eût donné de bien plus grands résultats. Néanmoins cette colonne fut presque entièrement annulée pour le reste de la journée; une partie se précipita dans l'Isère, presque tous laissèrent leurs armes et leurs sacs sur le rivage. Dans le même moment une attaque sur la ville était tentée sans plus de succès que précédemment. Le colonel donna ordre aux six compapagnies du centre de se rapprocher du point principal, et revint complimenter les grenadiers et les voltigeurs du nouveau succès qu'ils venaient de remporter. On lui présenta un certain nombre de nouveaux prisonniers. On voit que ce combat se composait d'épisodes ou de coups de main vigoureux, séparés par d'assez longs intervalles, pendant lesquels les Français rechargeaient leurs armes, changeaient leurs pierres, épinglaient leurs fusils et se préparaient en tout point à bien recevoir les nouvelles attaques. Les Autrichiens remplissaient ces moments par un feu d'artillerie et de mousqueterie continuel auquel on ne répondait pas un seul coup. « Tirez, tirez, disaient nos soldats, brûlez votre poudre aux moineaux; nous gardons la nôtre pour quand vous aurez passé. » Avec des soldats pénétrés de ces principes et un peu d'intelligence dans les dispositions du combat, il sera bien rare qu'on n'obtienne pas des succès. Les nôtres étaient désormais bien prononcés. Nous avions grandi en puissance morale, et l'ennemi avait singulièrement perdu de la sienne. Un épisode va le faire comprendre. Le colonel revenait de repousser une attaque qui avait pénétré par un gué inconnu; il rencontra une cinquantaine de soldats qui sortaient de la ville, où l'on combattait alors. « Où allez-vous ? leur dit-il ; vous abandonnez vos camarades !—Nous n'avons plus de cartouches, nous allons en chercher. » Dans ce moment deux ou trois cents tirailleurs ennemis qui avaient passé on ne sait où, et qui s'étaient glissés dans un froment, firent feu à une courte distance sur le colonel et ses soldats. « Chargez-les, dit le colonel. — Mais nous n'avons pas de cartouches. — C'est égal, chargez toujours. » Ils se précipitèrent sur les tirailleurs sans pouvoir tirer un coup de fusil et leur firent repasser la rivière. O puissance morale ! tu es la reine des armées !

Cependant il est vrai que les cartouches manquaient, malgré la grande économie que nous en avions faite ; vingt mulets en étaient chargés, mais un adjudant, par lâcheté ou par sottise, les avait emmenés à une demi-lieue du champ de bataille. Cette circonstance aurait déterminé le colonel à une retraite définitive s'il n'avait attendu un bataillon du 67ᵉ qui était posté à Ugine, on ne sait trop pourquoi, et qu'il avait invité à venir se réunir à lui quand il entendrait le combat. La direction qu'il était forcé de suivre était telle que, si nous avions évacué la position, nous le livrions seul aux coups de l'ennemi. Le colonel se borna donc à prendre sur les coteaux, un peu en arrière, une position qui le rendrait maître du col de Tamier, qui lui permettait d'éviter le combat si bon lui semblait et de reprendre la ville de l'Hôpital dès qu'on s'apercevrait de l'arrivée du bataillon du 67ᵉ. Cette disposition nous donna le temps de recevoir nos cartouches ; elles furent aussitôt distribuées ;

et toute la troupe, pleine d'ardeur, attendait avec impatience le signal de remarcher en avant. Les Autrichiens jetèrent deux bataillons dans le bourg de l'Hôpital, où ils pillèrent et commirent toutes sortes d'horreurs, mais ils n'osèrent pas déboucher dans la plaine.

Tout à coup une décharge d'artillerie faite sur la vallée qui conduit à Ugine nous signala l'arrivée de nos camarades du 67e.

A l'instant nos six compagnies de grenadiers et voltigeurs se lancèrent sur l'Hôpital, où elles n'éprouvèrent qu'une molle résistance, parce qu'elles n'eurent affaire qu'à des groupes de soldats ivres de vin et chargés de butin; ils payèrent chèrement la dévastation qu'ils venaient de faire! Nos soldats, indignés qu'on eût ainsi traité des hôtes qui les avaient accueillis en frères, passèrent au fil de l'épée tout ce qui leur tomba sous la main, malgré les vives remontrances du colonel et des officiers.

A la faveur de cette action vigoureuse, nous fîmes notre jonction avec le 67e sur des monceaux de morts. En même temps il nous arriva de Montmeillan un autre bataillon du 20e de ligne. Ces deux corps, enthousiasmés par le spectacle de notre champ de bataille, demandèrent à grands cris à prendre l'offensive; le colonel s'y décida et toutes les dispositions furent faites pour passer le ruisseau. « Mettez vos sacs à terre, dit-il au 67e; je n'ai pas de cavalerie, vous m'en servirez. » Le pont et les gués allaient être franchis à la fois lorsqu'un chef de bataillon d'état-major arriva et dit au colonel : « Le maréchal m'envoie vous dire que notre sort a été décidé dans les plaines de Waterloo, qu'il vient de conclure un armistice avec le comte de Bubna, que toute effusion de sang est désormais inutile, et qu'il vous ordonne de ne pas attaquer ou de cesser le combat s'il est engagé.

Le colonel fut vivement peiné de cet ordre, parce qu'il avait la conviction qu'il allait défaire les restes d'une division qui ne tenait plus devant lui. Il résolut même un moment de passer outre ; mais malheureusement, avant d'arriver à lui, le chef de bataillon avait annoncé l'armistice aux troupes, et toutes les imaginations s'étaient refroidies. Les chefs de bataillon eux-mêmes, si braves, si dévoués, représentèrent au colonel qu'un succès de plus dans cette journée, déjà si brillante, n'augmenterait pas sa gloire, ne changerait en rien nos destinées, et serait payée peut-être par le sang de trois ou quatre cents de nos braves. Cette disposition des esprits détermina le colonel à renoncer à une attaque qu'il a longtemps regrettée comme devant être la preuve de tout ce que peut faire une troupe d'un haut moral, soutenue par l'amour de la patrie, l'honneur du drapeau et pénétrée des vrais principes du combat.

« Je consens, dit-il, à ne pas attaquer, mais je ne veux pas dénoncer l'armistice. Si les Autrichiens attaquent, nous les traiterons comme nous l'avons déjà fait. »

Les deux corps restèrent ainsi pendant une heure. Enfin, le colonel de hussards de Lichteinstein vint en parlementaire dénoncer la suspension d'armes. Ainsi finit ce combat dans lequel 1750 Français luttèrent pendant dix heures contre les attaques répétées de 9 ou 10,000 Autrichiens. L'ennemi laissa 2,000 hommes sur la place et perdit 960 prisonniers. Les maisons de Conflans étaient en outre encombrées de ses blessés. Notre perte fut de 130 blessés et 20 tués. Ces résultats extraordinaires sont évidemment dus aux dispositions générales de la défense et à notre manière de combattre, qui consistait à nous masquer jusqu'au moment décisif, pour sortir ensuite brusquement, brûler peu de poudre, mais à propos, et aborder l'ennemi à la baïonnette. Les combats mous et incertains font perdre beaucoup de monde aux deux partis; dans les combats brusques et vivement enlevés, les vainqueurs perdent peu.

A peine la nouvelle de l'armistice fut-elle répandue dans la vallée que les habitants, qui s'étaient tenus cachés pendant ce grand drame, ou qui l'avaient contemplé du haut de leurs rochers, accoururent à nous à bras ouverts. La présence des Autrichiens et de quelques troupes piémontaises ne put arrêter l'effusion de leurs sentiments; ils n'avaient point oublié qu'ils avaient été Français du département du Mont-Blanc, et, comme des frères, ils venaient s'associer à notre gloire. Les uns nous présentaient des branches de laurier, d'autres des rafraîchissements de tout genre; le lendemain, notre marche sur Chambéry fut triomphale au milieu de deux haies de population qui jetaient sur nos pas des fleurs, des branches de laurier, et qui offraient à nos soldats d'abondantes provisions.

J'ai pu me convaincre, en 1830, que le souvenir de cette mémorable journée vit encore dans le cœur des habitants de cette vallée, comme il vivra dans le cœur de tous les braves qui y participèrent. En retraçant cette action, je n'ai pas été conduit seulement par le désir de rendre hommage à mes camarades du 14ᵉ et du 20ᵉ; mes vues ont porté plus loin; j'ai voulu présenter à notre jeune armée un noble exemple à imiter, si les circonstances l'appelaient à prouver son dévouement à la patrie et au roi qui la personnifie. Je suis heureux de mes souvenirs, plus heureux encore de penser que je n'ai pas manqué mon but. Les semences de gloire et d'honneur fructifieront toujours dans l'armée française.

FIN.

BIBLIOTHEQUE NATIONALE DE FRANCE
3 7531 04272123 4